Presidir a celebração do dia do Senhor

Coleção Rede Celebra

1. *A Palavra de Deus na Liturgia* – Ione Buyst
2. *O ministério de leitores e salmistas* – Ione Buyst
3. *Homilia, partilha da Palavra* – Ione Buyst
4. *O espaço da celebração: mesa, ambão e outras peças* – Regina Céli de Albuquerque Machado
5. *Domingo, Dia do Senhor* – Ione Buyst (org.)
6. *Presidir a celebração do Dia do Senhor* – Ione Buyst
7. *Pão e vinho para nossa ceia com o Senhor* – Ione Buyst
8. *Mística e liturgia: beba da fonte* – Ione Buyst
9. *Ofício Divino das Comunidades: uma introdução* – Penha Carpanedo
10. *Participar da liturgia* – Ione Buyst

IONE BUYST

Presidir a celebração do dia do Senhor

3ª edição – 2010
3ª reimpressão – 2018

Dados Internacionais de Catalogação na Publicação (CIP)
(Câmara Brasileira do Livro, SP, Brasil)

Buyst, Ione
   Presidir a celebração do Dia do Senhor / Ione Buyst ; [ilustrações
e capa Edmar Oliveira]. — 3. ed. — São Paulo : Paulinas, 2010. —
(Coleção rede celebra ; 6)

   ISBN 978-85-356-1316-2

   1. Celebrações litúrgicas 2. Domingo 3. Igreja Católica – Liturgia
I. Oliveira, Edmar. II. Título. III. Série.

10-02901   CDD-264.02036

Índices para catálogo sistemático:

1. Dia do Senhor : Celebrações litúrgicas : Presidência : Igreja Católica :
          Cristianismo   264.02036

2. Presidência : Celebrações litúrgicas dominicais : Igreja Católica :
          Cristianismo   264.02036

Citações bíblicas: *Bíblia Sagrada* – Edição Pastoral. São Paulo, Paulus, 1990.

Direção-geral: *Flávia Reginatto*
Coordenação editorial: *Noemi Dariva*
Preparação de texto: *Mônica Elaine G. S. da Costa*
Coordenação de revisão: *Andréia Schweitzer*
Revisão: *Patrizia Zagni*
Direção de arte: *Irma Cipriani*
Gerente de produção: *Felício Calegaro Neto*
Ilustrações e capa: *Edmar Oliveira*
Editoração: *Telma Custódio*

*Nenhuma parte desta obra poderá ser reproduzida ou transmitida
por qualquer forma e/ou quaisquer meios (eletrônico ou mecânico,
incluindo fotocópia e gravação) ou arquivada em qualquer sistema ou
banco de dados sem permissão escrita da Editora. Direitos reservados.*

Paulinas
Rua Dona Inácia Uchoa, 62
04110-020 – São Paulo – SP (Brasil)
Tel.: (11) 2125-3500
http://www.paulinas.com.br – editora@paulinas.com.br
Telemarketing e SAC: 0800-7010081

© Pia Sociedade Filhas de São Paulo – São Paulo, 2004

Sumário

Introdução 7

Abreviaturas usadas 9

I – Presidir 11
    1. Uma função social 11
    2. Uma função eclesial 13
    3. Uma função litúrgica 16
    4. Um pouco de história 18
    5. O ministério da presidência nas celebrações dominicais das
       comunidades 24
    6. "Presidência partilhada" na prática de uma celebração dominical .. 28
    7. Lugar da presidência leiga, veste, saudação, bênção... 31

II – Presidir a assembléia dominical *33*
    1. Presidir um povo em festa 33
    2. Presidir os ritos iniciais e finais 37
    3. Presidir a liturgia da Palavra 42
    4. Presidir a ação de graças 45
    5. Presidir a distribuição da comunhão eucarística 56
    6. Presidir a refeição fraterna em memória de Jesus 58
    7. Os coordenadores da comunidade na missa presidida pelo padre
       ou pelo bispo 62

Bibliografia recomendada 65

ANEXO
O testemunho de Justino, um leigo martirizado no ano 165 69

Introdução

A cada semana, inúmeras comunidades se reúnem para celebrar o domingo, o dia do Senhor, a fim de manter viva a memória de Jesus, ouvindo sua Palavra, dando graças a Deus por Jesus e por tudo aquilo que ele representa para nós e para o mundo.

Como em qualquer reunião ou acontecimento humano organizado, a comunidade reunida para celebrar necessita de alguém que a coordene, lidere, presida; alguém que garanta o bom andamento das coisas e a participação de todos. Quando a comunidade celebra a eucaristia, quem preside é o bispo ou o padre. Em outras celebrações, contamos com diáconos e ministras e ministros leigos para assumir a função de presidir, coordenar, animar. Trata-se de um serviço prestado à comunidade. E, como para qualquer serviço, é preciso aprender, saber o porquê e o como fazer. Graças a Deus, hoje contamos com muitas publicações, encontros de formação, cursos de teologia, de Bíblia, de liturgia... por meio dos quais os ministros (ou futuros ministros), ordenados ou não, estudam os fundamentos da fé e da vida da Igreja para se preparar bem para o ministério. Tendo em vista tal formação mais completa, este livro quer oferecer *aprofundamento e orientações específicas quanto ao ministério da presidência da celebração do domingo, dia do Senhor.* Embora se concentre principalmente no serviço dos ministros leigos e leigas na celebração da Palavra aos domingos, muitos elementos serão certamente de grande ajuda também para os ministros ordenados e para a missa dominical.

Na primeira parte, falamos da presidência de modo geral: na sociedade, na Igreja, mais especificamente na liturgia. Na segunda parte, trataremos desde a prática da presidência de uma liturgia dominical, passando pelos vários momentos da celebração — os ritos iniciais e finais, a liturgia da Palavra, a ação de graças, a distribuição da comunhão e a "refeição fraterna em memória de Jesus" — e terminamos com algumas considerações a respeito da função dos coordenadores da comunidade nos dias em que o padre ou o bispo celebra a missa.

Abreviaturas usadas

CNBB — Conferência Nacional dos Bispos do Brasil

CDP — BUYST, Ione. *Celebração do domingo ao redor da Palavra de Deus.* 2. ed. São Paulo, Paulinas, 2006. (Col. Celebrar.)

Doc. 43 — CNBB. *Animação da vida litúrgica no Brasil.* São Paulo, Paulinas, 1989. (Documentos, 43.)

Doc. 52 — CNBB. *Orientações para a celebração da Palavra de Deus.* São Paulo, Paulinas, 1994. (Documentos, 52.)

Doc. 62 — CNBB. *Missão e ministérios dos cristãos leigos e leigas.* São Paulo, Paulinas, 1999. (Documentos, 62.)

DS — CARPANEDO, Penha & GUIMARÃES, Marcelo. *Dia do Senhor:* guia para as celebrações das comunidades. São Paulo, Apostolado Litúrgico/Paulinas. (Vários volumes.)

ODC — VV.AA. *Ofício Divino das Comunidades.* 12. ed. São Paulo, Paulus, 2002.

RL — *Revista de liturgia*, São Paulo.

SC — Constituição Conciliar *Sacrosanctum Concilium* — sobre a Sagrada Liturgia. São Paulo, Paulinas. 2003.

I – Presidir

1. Uma função social

Todos nós conhecemos o presidente da República, alguns presidentes da câmara municipal, de um clube de futebol, de uma organização cultural ou religiosa, de uma associação ou cooperativa... Qual é a função de um presidente? Geralmente:

- *dirige* as assembléias do organismo do qual é presidente;

- *representa* tal organismo fora dos momentos da assembléia; e

- é *responsável* pela realização dos objetivos do organismo, de acordo com seus estatutos ou sua constituição.

É praticamente impossível existir qualquer organismo coletivo, sem que haja alguém que o dirija, o represente e seja responsável por seu funcionamento.

A palavra "presidir" vem do latim *"praesidere"* e significa, literalmente, sentar (*sedere*) à frente (*prae*). De fato, geralmente, para dirigir a assembléia, quem preside senta-se defronte aos demais. Daí a importância da "cadeira da presidência", ou "cadeira presidencial". O lugar ocupado pelo presidente expressa simbolicamente a função que ocupa. Algumas vezes, uma veste ou outro distintivo (faixa presidencial...) pode simbolizar essa mesma função.

"Presidente" é um termo masculino, porém nos últimos anos, muitas organizações escolheram mulheres para a função de presidir. Por isso, já é bastante comum entre nós o termo feminino "presidenta". Para indicar os dois gêneros com uma só palavra, podemos falar de "presidência".

Os termos "presidência", "presidente" e "presidenta" indicam claramente uma relação; são termos relativos, funcionais. A presidência existe em função de alguma coisa, a serviço de um determinado grupo, em determinadas ações, com determinados objetivos. Não existe presidente ou presidenta sem que haja um organismo a quem preste o serviço da presidência. Não atua em seu próprio nome, mas em nome do organismo. Não é dono do organismo que representa, mas de certa forma seu servidor ou servidora. Não pode atuar fora dos poderes delegados pela assembléia. Infelizmente, nem sempre é isso que acontece. Às vezes há, de um lado, abuso de poder da presidência; de outro lado, há negligência em acompanhar e avaliar da parte do organismo representado. À medida que vamos aprendendo a nos relacionar democraticamente, esses abusos devem ser controlados.

Há outras funções complementares à função da presidência: vice-presidentes, secretários, tesoureiros, conselhos (administrativos, culturais, jurídicos...), de modo que a presidência raramente atue sozinha. Mesmo assim, há organismos que seguem outros modelos de coordenação, mais democráticos, mais participativos. Trabalham com comissões. Cada comissão é responsável por um setor (por exemplo, o setor cultural, financeiro, de comunicação...). A vantagem é que nesses modelos a função da coordenação fica menos concentrada numa única pessoa ou num pequeno grupo de pessoas. O poder acaba sendo partilhado.

Podemos aprender também com as culturas indígenas. Quem lidera a tribo? Quem coordena os rituais? Como é a relação com os outros membros? Podemos aprender igualmente com as tradições afro-brasileiras. Quem assume a tarefa de manter o grupo unido? Há alguém que preside ou coordena os trabalhos rituais? E na tradição do catolicismo popular? Quem "puxa" o terço? Quem comanda a congada, a folia?

2. Uma função eclesial

A Igreja, a comunidade eclesial, não deixa de ser uma realidade social, um organismo coletivo. Como tal, necessita que alguém assuma a função da presidência: alguém que convoque e dirija as assembléias, represente a comunidade.

No entanto, a Igreja não é apenas uma realidade social. É um "mistério", na medida em que nela estão presentes e atuantes o Pai e o Filho e o Espírito Santo. A comunidade é como que o transbordamento do mistério da Santíssima Trindade. Cristo é o mediador. Pelo Espírito Santo derramado sobre nós, ele possibilita nossa comunhão com o Pai. Portanto, quem de fato "preside" a comunidade é... Jesus Cristo. Alguém representa o Cristo como Cabeça de seu Corpo (a Igreja) e torna-o presente simbólica e sacramentalmente, dando visibilidade histórica.

Para falar da coordenação, assim como de outros ministérios das comunidades, o Novo Testamento não utiliza palavras usuais para designar uma autoridade civil (por exemplo, chefe). Usa um vocabulário bem diferente: apóstolos, servidores, presbíteros, profetas, presidentes, colaboradores, assistentes, guias, supervisores, bispos... Tenta exprimir uma novidade. De um lado, quem preside a comunidade cristã, assume o papel de Cristo como cabeça da Igreja; deverá assumir a mesma atitude de Cristo que veio para servir e não para ser servido. De outro lado, toda a Igreja, toda a comunidade é considerada o Corpo de Cristo. Todo este corpo é "carismático" (animado pelo Espírito Santo) e ministerial (é chamado a servir e enviado em missão como testemunha do Reino de Deus). É povo régio, profético e sacerdotal, no Espírito Santo. Podemos, assim, falar de uma igualdade radical e uma interdependência dos membros da comunidade.

Portanto, se levarmos em conta esses dados do Novo Testamento, quem preside não deve ser considerado "um outro Cristo", como às vezes se diz. Na comunidade, toda ela Corpo-de-Cristo, a presidência assume a função de "cabeça": coordena, junta, mantém a comunidade unida, favorece os dons e carismas de todos os membros do Corpo, de todos os participantes da comunidade. Deve impedir a divisão, a exclusão, a dispersão.

Várias passagens das sagradas escrituras podem servir de orientação quanto à relação entre a presidência e os demais membros da comunidade cristã. Citemos algumas delas:

Lc 22,24-27 – Entre eles houve também uma discussão sobre qual deles deveria ser considerado o maior. Jesus, porém, disse: "Os reis das nações têm poder sobre elas, e os que sobre elas exercem autoridade, são chamados benfeitores. Mas entre vocês não deverá ser assim. Pelo contrário, o maior entre vocês seja como o mais novo; e quem governa, seja como aquele que serve. Afinal, quem é o maior: aquele que está sentado à mesa, ou aquele que está servindo? Não é aquele que está sentado à mesa? Eu, porém, estou no meio de vocês como quem está servindo".

Jo 13,1-16 – Jesus lava os pés dos discípulos, anunciando sua entrega até a morte. Depois, ele diz: "Vocês compreenderam o que acabei de fazer? Vocês dizem que eu sou o Mestre e o Senhor. E vocês têm razão; eu sou mesmo. Pois bem: eu, que sou o Mestre e o Senhor, lavei os seus pés; por isso vocês devem lavar os pés uns dos outros".

At 6,1-7 – Momento de crise. A coordenação não está dando conta do recado, não consegue atender bem. A comunidade reclama. A solução encontrada: diversificar os serviços e colocar mais pessoas para trabalhar. A comunidade tem voz ativa, delibera e escolhe as pessoas; os apóstolos ratificam a escolha com um sinal litúrgico: "A proposta agradou a toda a assembléia. Então escolheram Estêvão, homem cheio de fé e do Espírito Santo; e também Filipe, Prócoro, Nicanor, Timon, Pármenas e Nicolau de Antioquia, um pagão que seguia a religião dos judeus. Todos estes foram apresentados aos apóstolos, que oraram e impuseram as mãos sobre eles".

Vivendo de acordo com essa novidade, a comunidade cristã poderá tornar-se um sinal profético. Será capaz de abrir caminho para uma nova maneira de se pensar e exercer as várias formas de coordenação e presidência na sociedade: não mais baseadas no poder do mais forte, do sexo masculino, dos mais inteligentes ou estudados, mas sim no serviço, principalmente levando em conta os mais fracos; não mais baseadas na força, na competição, mas no serviço mútuo, na igualdade, na escuta, no diálogo...

3. Uma função litúrgica

As celebrações litúrgicas pertencem a todo o povo de Deus. É o povo que celebra a missa, os sacramentos e sacramentais, a celebração da Palavra, o ofício divino... No entanto, necessitam de alguém que assuma a presidência.[1] Vejamos este texto inovador da constituição conciliar do Vaticano II sobre a Sagrada Liturgia (SC, n. 26):

> As ações litúrgicas não são ações privadas, mas celebrações da Igreja, que é "sacramento da unidade", isto é, o povo santo, unido e ordenado sob a direção dos bispos. Por isso, as celebrações pertencem a todo o Corpo da Igreja, e o manifestam e afetam; mas atingem a cada um dos membros de modo diferente, conforme a diversidade de ordens, ofícios e da participação atual.

Portanto:

- Não é o padre ou o ministro leigo que celebra, e, sim, toda a assembléia do povo de Deus.

---

[1] Vejam no Anexo dois trechos de Justino, escritos por volta do ano 150, em que aparece claramente a função dos presbíteros, em meio à comunidade.

- Mas a assembléia reunida para celebrar precisa de uma presidência. Por quê? Porque é "retrato", sacramento, sinal visível da Igreja. E a Igreja tem como Cabeça o Cristo Ressuscitado. Quem preside a celebração litúrgica assume o serviço de sinalizar e representar o Cristo como cabeça de seu corpo, a Igreja, toda ela animada e guiada pelo Espírito Santo do Senhor Jesus. A presidência é sinal simbólico-sacramental dessa realidade maior, somente visível aos olhos da fé. Por isso, podemos dizer: quem preside, preside em nome de Cristo, fala e age em nome dele na comunidade, no Espírito Santo. Ao mesmo tempo, fala e age em nome da Igreja ao se dirigir a Deus, também no Espírito Santo.

Com esta afirmação, o Concílio Vaticano II veio modificar profundamente nossa maneira de pensar a liturgia e o ministério da presidência. Ao longo dos quarenta anos da renovação litúrgica conciliar, no confronto com a realidade pastoral, foram surgindo perguntas como estas:

De que tipo de ministros necessitamos para garantir que o povo sacerdotal possa exercer seu sacerdócio na liturgia? Se Igreja é "comunidade", não deveríamos criar e organizar comunidades menores para possibilitar a participação de todos na liturgia e na vida eclesial? Não deveria cada comunidade ter seus próprios ministros, acompanhados por e em comunhão com outros ministros de outras comunidades, e principalmente com o bispo? Seriam estes ministros responsáveis pela liturgia apenas, ou deveriam ser responsáveis também pela coordenação da comunidade e pelo anúncio da Palavra? Seriam necessariamente ministros ordenados? Por quê? Em caso afirmativo, o que impede que sejam ordenadas as lideranças existentes nas comunidades, homens e mulheres, pessoas celibatárias ou casadas? Por que as mulheres continuam sendo excluídas dos ministérios ordenados, se para o batismo que nos incorpora no Corpo de Cristo não existe essa discriminação? Que formação dar a esses ministros e ministras para que possam exercer a liderança não como dominação, mas como um serviço que faz crescer a comunidade? Considerando que cada comunidade cristã tem necessidade de celebrar a eucaristia, assim como os outros sacramentos, por que não deixar que, de forma extraordinária, cada comunidade celebre a missa presidida por ministras ou ministros extraordinários, assim como já está acontecendo no batismo, na distribuição da sagrada comunhão, na liturgia do matrimônio, na celebração da Palavra de Deus, na liturgia das horas (ofício divino), em exorcismos menores, bênçãos e exéquias?

Para ao menos situar a problemática do ministério da presidência na liturgia e sua relação com a comunidade, vamos dar um passeio bem rápido pela história, pontuando alguns momentos ou períodos mais significativos.

4. Um pouco de história[2]

1) O que chama nossa atenção nos escritos do Novo Testamento (principalmente os mais antigos) são as *relações de*

---

[2] Quem quiser aprofundar o assunto, poderá procurar os seguintes textos: TENA, P. A assembléia litúrgica e seu presidente. *Concilium* 72 (1972,2): 162-171; SCHILLEBEECKX, E.

fraternidade, ajuda mútua, igualdade fundamental, interdependência e co-responsabilidade nas comunidades. De fato, todos os membros foram batizados no mesmo Espírito para formar um só corpo (cf. 1Cor 12,13). Aparece a ação da comunidade como um todo. É como um corpo humano em que cada membro coloca seus dons e carismas a serviço dos demais. As coisas vão acontecendo, numa *grande variedade de formas de organização e coordenação.* Além do modelo da comunidade de Jerusalém e das comunidades fundadas e acompanhadas por Paulo, temos ainda a comunidade de Antioquia e as que têm João, o discípulo amado, como referência e autoridade... Quando surge um problema maior, recorrem à autoridade dos apóstolos, os enviados pelo Cristo Ressuscitado. Em lugar nenhum encontramos uma preocupação em dizer quem deveria presidir a eucaristia; podemos supor que essa função era assumida por apóstolos, profetas, doutores; ou pelo dono (ou dona?) da casa onde a comunidade se reunia.

A comunidade cristã e seus ministros. *Concilium.* Petrópolis, 1980/3:391-430; idem, *Por uma Igreja mais humana:* identidade cristã dos ministérios. São Paulo, Paulus, 1989; Souza Neto, Medoro de Oliveira. O Espírito Santo estrutura a Igreja. *REB (Revista Eclesiástica Brasileira),* Petrópolis, n. 229: 65-88, março 1998 e n. 230: 274-310, 1998; Sesboüé, Bernard. *Não tenham medo!* Os ministérios na Igreja de hoje. São Paulo, Paulus, 1998; Silva, José Ariovaldo da. A presidência na história. In: Silva, J. A. da & Sivinski, M. (org.). *Liturgia:* um direito do povo. Petrópolis, Vozes, 2001. pp. 120-155; Torjesen, Karen To. *When women were priests;* women's leadership in the early church and the scandal of their subordination in the rise of Cristianity. San Francisco, Harper, 1995. (Tradução em espanhol: *Cuando las mujeres eran sacerdotes.* Córdoba, Ediciones El Almendro.

2) Ainda no Novo Testamento, encontramos referências ao rito da *imposição das mãos acompanhada de bênção, transmitindo a força do Espírito Santo para os ministérios* (cf. At 6,6; At 14,23; 1Tm 4,14; 2Tm 1,6-7). Tal gesto, herdado da tradição judaica, denota que a autoridade dos ministros se refere à autoridade de Jesus Cristo, o único Senhor, em cujo nome servem a comunidade; não se trata de uma simples delegação de poder de uma pessoa a outra. O gesto tornou-se constante na tradição da Igreja para os ministérios ordenados. Nos escritos de Inácio, bispo de Antioquia (martirizado no primeiro século, provavelmente entre os anos 110 e 130), já encontramos os três graus da ordem: bispos, presbíteros e diáconos. No entanto, a história mostra (e até mesmo textos do Novo Testamento) que a liderança não se desenvolveu sem conflitos e sem perder algo da originalidade dos primórdios.

3) Pouco a pouco, a comunidade eclesial vai se estruturando e, de alguma forma, estratificando, hierarquizando, centralizando o poder nos bispos e presbíteros, criando *duas classes de cristãos: a hierarquia e os leigos;* perdeu-se assim a novidade original de uma comunidade de irmãos, na qual todos e todas participam, embora respeitando os dons e carismas, inclusive o da coordenação ou presidência. São muitas as causas dessa mudança. Vamos apontar algumas delas:

a) as comunidades, em ambientes de cultura greco-romana, assimilaram muitos de seus valores, como a centralidade do poder (patriarcal); a subordinação da mulher etc.;

b) em 313, o imperador Constantino, vendo a importância da Igreja para seu governo, acaba com a perseguição aos cristãos; com isso, muita gente se torna cristã, nem sempre por fé ou convicção;

c) em 380, por uma lei do imperador Teodósio, a fé cristã foi declarada religião oficial do Estado, portanto, obrigatória para todos os cidadãos; os clérigos foram equiparados aos sacerdotes pagãos, a liturgia foi incorporando elementos (vestes, gestos, honrarias...) das cerimônias da corte e passou a ser celebrada nas basílicas, e não mais nas casas, como acontecia até então. Inicia-se assim a "sacerdotalização" dos ministérios cristãos, com características de "poder sagrado", reforçado na Idade Média com reflexões teológicas. A partir do conceito sacerdotal (mediação entre Deus e o povo), muda o significado da ordenação do presbítero: é ordenado para poder celebrar a eucaristia e os outros sacramentos, sozinho, *para* o povo (e acima dele), e não mais para coordenar e presidir a comunidade, celebrando *com* o povo. Pouco a pouco, a comunidade vê-se privada de seu caráter de povo sacerdotal.

4) *O Concílio Vaticano II* volta às fontes da fé:

a) reafirma o sacerdócio de todos os batizados;

b) diz que as ações litúrgicas pertencem a todo o povo cristão;

c) recoloca o sacerdócio ministerial de novo em relação com a comunidade, a serviço dela, e diz que ambos — sacerdócio de todo o povo e sacerdócio ministerial — derivam do único sacerdócio de Jesus Cristo;

d) restaura o lugar central, sacramental, do bispo, como coordenador de sua Igreja, e os presbíteros e diáconos são colaboradores em seu ministério;

e) prefere falar de presbíteros em vez de sacerdotes; lembra que não são apenas presidentes das assembléias litúrgicas, mas também anunciadores da Palavra e coordenadores da comunidade;

f) além disso, o Concílio restaura o diaconato permanente e abre caminho para a diversificação de ministérios.

No fundo, trata-se de uma mudança eclesiológica, ou seja, uma mudança na maneira de se compreender a Igreja e o modelo de Igreja que queremos construir. O Concílio optou pelo modelo de comunhão e participação. Esse modelo repercute, é claro, no modelo de liturgia e no de ministérios!

5) *Depois do Concílio,* em muitas partes do mundo, e mais especificamente no Brasil, *as comunidades se multiplicam* e assumem sua responsabilidade eclesial, missionária. Cresce a convicção: "Nós somos Igreja...". Novas lideranças surgem: religiosas e leigas, pessoas casadas ou solteiras, homens e mulheres.

As relações entre os novos ministérios e a comunidade são parecidas com as que encontramos no Novo Testamento: insistência na igualdade fundamental baseada no sacramento do batismo, menos centralização, maior diversificação dos serviços. A vida comunitária com suas celebrações espelha-se nas igrejas domésticas, descritas por exemplo em At 2,42-47 e At 20,7-12. Os padres que acompanham as comunidades são chamados a serem verdadeiros presbíteros, irmãos mais velhos, que coordenam o conjunto das comunidades de uma região, organizam a formação, a vida eclesial e a missão, com as lideranças de cada comunidade.

Ministras e ministros leigos assumem sem grandes dificuldades a coordenação da vida comunitária e da missão, assim como a organização e a presidência da maioria das celebrações litúrgicas: celebração da Palavra (principalmente aos domingos), batismo, casamento, velórios e exéquias, bênçãos, festas do ano litúrgico, visita aos doentes, ofício divino...[3] Dependendo da caminhada de cada comunidade, tais ministérios são oficializados: são reconhecidos, confiados ou instituídos.[4]

---

[3] O problema é com a celebração dos outros sacramentos: celebração eucarística, reconciliação, unção dos enfermos, para as quais a Santa Sé, o governo central da Igreja Católica Romana, não abre mão da presidência do ministério ordenado. Desta forma, a maioria das comunidades se vê privada desses preciosos sacramentos. A falta mais sentida é com respeito à missa dominical.

[4] Documentos da CNBB 62, nn. 87-93.

Em sua comunidade, de que forma está se construindo o modelo de Igreja do Concílio Vaticano II? O que já se conseguiu? Quais são os traços ou resquícios do modelo anterior ao Concílio? É uma Igreja de comunhão e participação de todos, sob a coordenação dos padres e dos bispos? Ou é uma Igreja com duas classes de cristãos: de um lado, o povo que obedece, segue, assiste, ouve calado, não sabe, não tem formação (bíblica, litúrgica, teológica) e não dá opinião; de outro lado, o clero que sabe, tem acesso a estudo e formação, planeja, dirige, administra, fala, ensina, toma as decisões? E os ministérios leigos: são aceitos pelo clero? pelo povo?

Como tudo isso aparece nas celebrações litúrgicas?

5. O ministério da presidência nas celebrações dominicais das comunidades

Entre a grande quantidade e variedade de ministérios nas comunidades, há um que nos interessa mais de perto neste livro: o ministério da presidência da celebração do domingo, dia do Senhor.

1) O fato é bem conhecido: *mais de 70% das celebrações das comunidades* que se reúnem aos domingos para celebrar o dia do Senhor são coordenadas por leigos e leigas. Às vezes é a comunidade que tomou a iniciativa de convidar um de seus membros para coordenar; outras vezes é a pessoa ou um grupinho de pessoas que resolveu tomar a frente; outras vezes ainda é o padre ou o bispo que pediu. Sem dúvida, se não fossem essas lideranças, a Igreja Católica não teria a vitalidade

que tem em muitos lugares, principalmente na área rural e nas periferias das grandes cidades.

2) Sabemos que, em sua grande maioria, essas lideranças são formadas por *mulheres* (religiosas e leigas); fala-se em 90%. Isso traz três vantagens:

a) possibilita à Igreja retomar uma das originalidades das primeiras comunidades cristãs, muitas delas lideradas por mulheres;

b) ao mesmo tempo pode recuperar o atraso em relação à cultura atual, na qual homens e mulheres ocupam cada vez mais espaços iguais na sociedade;

c) permite ir ensaiando as novas relações pastorais que decorrem dessa participação da mulher em todas as instâncias da Igreja, não somente para executar o que foi pensado e elaborado por homens, mas para participar em igualdade com eles na hora de tomar as decisões e coordenar a vida e a missão das comunidades eclesiais.

3) Alguns dos trabalhos dos ministérios assumidos por leigos podem ser caracterizados como *serviços*: são da ordem do testemunho, sem necessidade de designação ou reconhecimento oficial algum.[5] Na maior parte, no entanto, trata-se de verdadeiros *ministérios*, implicando "maior representatividade da Igreja e compromisso das autoridades eclesiais em relação à pessoa que o exerce". Há ministérios *reconhecidos*: pela comunidade, pelo pa-

---

[5] Para todo esse parágrafo, vejam: Tipologia dos ministérios, Documentos da CNBB 62, nn. 87-93.

dre e indiretamente também pelo bispo, sem que haja por isso necessidade de algum rito ou designação oficial. Outros ministérios são *confiados* por algum gesto litúrgico ou alguma forma canônica; dependem de iniciativa prévia da autoridade da Igreja (às vezes o próprio pároco, o bispo ou alguém delegado por ele). Em outros países (como a Alemanha, a França...), os leigos que assumem algum ministério confiado recebem uma carta ou algum outro documento do bispo, e muitas vezes são remunerados por seu serviço. Aqui no Brasil tudo se passa mais na informalidade. Isso tem suas vantagens (maior liberdade, criatividade, simplicidade...) e desvantagens (o leigo acaba sendo "descartável", tem menos influência, menos autoridade...).

4) Como se pronuncia a CNBB a respeito da presidência das celebrações dominicais na ausência do presbítero?

A coordenação desses elementos (da celebração) exige um serviço de presidência. [...] Quando não houver diácono ou ministro instituído, todo cristão leigo, homem ou mulher, por força de seu batismo e confirmação, assume legitimamente esse serviço. Recomenda-se que os encarregados dessa atividade sejam apresentados à comunidade em celebração especial para tornar mais evidente a comunhão eclesial. Seja feita essa designação por um período determinado de tempo (Documentos da CNBB 43, n. 100).[6]

---

[6] No cânone 230, § 3, do Código de Direito Canônico, indicado em nota de rodapé do texto da CNBB, fala-se da obrigação destes leigos de adquirir a formação adequada e do direito de serem remunerados se forem destinados de forma permanente ou temporária a um serviço especial na Igreja.

5) Costuma-se falar de *ministérios de suplência* quando leigos(as) assumem funções que historicamente são consideradas próprias e típicas do ministério ordenado. Pergunta-se: quando essa situação perdura, "por que não se pensar numa reorganização mais ousada dos ministérios eclesiais, criando verdadeiros e próprios 'ofícios' a serem conferidos a leigos e leigas, estavelmente e com responsabilidade própria, e não simplesmente como 'suplência'?"[7]

6) Em alguns casos, quem preside a celebração do domingo é o coordenador ou coordenadora da comunidade. Em outros, é o ministro da Palavra ou o ministro extraordinário da comunhão eucarística. Em outros casos ainda, optou-se por diversificar mais os serviços: há pessoas que coordenam a comunidade, há coordenadores para cada uma das pastorais, há alguém que cuida do ministério da palavra, outras pessoas ficam com a responsabilidade de distribuir a comunhão eucarística (não somente na celebração, mas também aos doentes, idosos e presos) e há gente escalada para presidir a celebração do domingo. Quanto mais a comunidade quer diversificar os ministérios, mais ela reparte as tarefas. Surgiu assim o costume de assumir a *presidência em rodízio* entre os ministros da Palavra ou entre os membros da equipe de liturgia capacitados para tal. Muitos costumam ainda assumir a presidência da celebração dominical em equipe; chamam de *presidência partilhada*. Tudo isso tem suas vantagens e desvantagens... A vantagem da descentralização é que assim evitamos o monopólio de um faz-

---

[7] Documentos da CNBB 62, n. 89.

tudo. A desvantagem é que o excesso de rodízio e descentralização pode ter o efeito de "pulverizar" a presidência e, assim, ninguém acaba sendo ponto de referência para ninguém; não se sabe a quem seguir. Por isso, é preciso discernir e avaliar em cada caso, ouvindo a comunidade.

Finalizando, lembremos que ninguém pode se autonomear presidente! É preciso ter autoridade: a) porque recebeu o dom de Deus (carisma); b) porque esse dom é reconhecido pela comunidade; c) e porque é reconhecido e confirmado pela autoridade eclesial (bispo, padre...).

E o que pensar, então, de comunidades que improvisam, que arranjam uma presidência na hora de iniciar a celebração!?

6. "Presidência partilhada" na prática de uma celebração dominical

1) É importante que *uma* pessoa seja a referência principal, presida tudo e todos os demais. Deve ficar responsável pelo conjunto da celebração e por toda a equipe de ministros. É o ponto de ligação para evitar que a celebração se pareça com uma colcha de retalhos, ou uma seqüência de atividades soltas, independentes umas das outras. Isso não significa que essa pessoa deva falar o tempo todo ou comentar tudo aquilo que os outros ministros fazem... Não! Trata-se mais de uma atitude e de um olhar: de atenção amorosa, de "peso", de autoridade (que é o oposto de autoritarismo), de responsabilidade, de oração (estar constantemente ligado com Deus), de sóbria alegria,

de cuidado com a participação de toda a comunidade... Por isso, parece importante que: inicie e termine a celebração (saudação, introdução ao mistério celebrado, bênção final); faça as orações chamadas presidenciais, ou seja, a oração inicial e a final, e principalmente a ação de graças; convide para a profissão de fé, assim como para as preces dos fiéis, e faça a conclusão dela; convide ainda para o pai-nosso.

2) A *homilia e a distribuição da comunhão*, que são também tarefas de quem preside, poderiam ser confiadas, respectivamente, a um ministro ou ministra da Palavra e a um ou vários ministros e ministras extraordinários da comunhão.

3) Caso se faça *aspersão com água,* quem preside poderia fazer a oração sobre a água e várias pessoas da equipe poderiam espalhar-se na igreja para aspergir a água sobre a comunidade.

4) As *outras introduções* (como, por exemplo, antes das leituras, antes da ação de graças), caso sejam necessárias, poderiam ficar por conta da presidência ou do chamado animador ou animadora (às vezes chamado de comentarista); é uma questão a ser combinada. E é bom lembrar: não desgastem a presidência delegando-lhe a indicação de páginas dos cantos e de outros lembretes práticos; isso é tarefa do animador ou animadora.

5) No caso de celebração do *ofício divino,* é papel da presidência: cantar a abertura, convidar para as preces e o pai-nosso (de modo que todos juntos possam dizer as primeiras palavras da oração do Senhor), fazer a oração e a bênção.[8] A recordação da vida, a eventual introdução aos salmos e cânticos bíblicos... poderiam ficar por conta de outro ministro ou ministra.

6) A presidência *faz parte da assembléia.* Há, pois, momentos em que, não tendo de executar uma ação específica de presidência, atua com os demais. Isto vale principalmente para os cantos que são de toda a assembléia. Apenas citando como exemplo: canto de entrada, refrão do salmo de resposta, aclamação ao Evangelho, o "Santo...".

8) Para significar a unidade de todos os ministérios, leitores, salmistas, animadores, acólito, ministros extraordi-

---

[8] Cf. *Introdução geral à Liturgia das Horas,* n. 256; *ODC,* pp. 7-19.

nários da comunhão eucarística... poderiam *ocupar o presbitério, ao lado de quem preside*, como que "compondo a mesa" com ele. (Quanto ao grupo de cantores e instrumentistas, devem procurar um lugar de onde possam facilmente exercer seu ministério em relação à comunidade e participar da celebração.)

7. Lugar da presidência leiga, veste, saudação, bênção...

São muito comuns perguntas das comunidades a respeito do lugar da presidência da ministra ou ministro leigo, se deve ou não usar uma veste litúrgica, se é o caso de beijar o altar, se pode dirigir ao povo a saudação "O Senhor esteja convosco (ou: com vocês)"...

Tudo depende do "peso" eclesial que se atribui a esse ministério. Não há como dar uma resposta generalizada; depende da opção de cada comunidade e diocese. Algumas têm preferido não enfatizar demais esses serviços, minimizando, assim, a diferença em relação à assembléia. Neste caso, quem assume a presidência é considerado um leigo entre os demais, que provisoriamente assume o serviço. Por isso, não senta na cadeira da presidência, não usa veste litúrgica etc. Nas comunidades e dioceses em que o serviço da presidência é um ministério reconhecido ou confiado, e é exercido com certa estabilidade, quem preside ocupa o lugar perante a assembléia, beija o altar, usa uma veste litúrgica, saúda a assembléia com "O Senhor esteja com vocês".

Muito depende também da dimensão, da cultura e da sensibilidade da comunidade. Depende ainda do tamanho e do estilo do local da celebração. Numa assembléia pequena talvez nem haja necessidade de sinais especiais para designar o serviço da presidência. Celebrar debaixo de uma árvore ou ao redor da mesa numa casa de família é bem diferente de celebrar na igreja matriz.

Para decidir sobre esses assuntos, é necessário levar em conta o *sentido* de cada sinal. Afinal, o que se quer evidenciar é a presença de Cristo como cabeça da assembléia reunida. O beijo do altar é sinal de veneração, respeito, admiração, adoração; evidencia quem é o centro da celebração: não o ministro, mas o Cristo, simbolizado pelo altar. A cadeira da presidência é o lugar de onde Cristo reúne e conduz a comunidade; dá visibilidade a quem está presidindo em nome de Cristo. A veste expressa mais claramente que se trata de um ministério que a pessoa assume; está revestida de Cristo para servir a comunidade. Além disso, principalmente aos domingos, a veste dá um ar de festa. E se as cores das vestes acompanharem os tempos litúrgicos, teremos um elemento visual a mais para marcar nossa espiritualidade. A saudação "O Senhor esteja com vocês" estabelece uma relação de diálogo entre a assembléia e presidência; o que não acontece quando se usa a expressão "O Senhor esteja conosco", que anula a relação dialogal.

Agora, se qualquer um desses sinais servir de pretexto para alguém (ministro leigo ou ordenado) assumir ares de poder e superioridade, estará fora do espírito do Evangelho! Todo cuidado é pouco.

II – Presidir a assembléia dominical[1]

1. Presidir um povo em festa

Entre as muitas celebrações da comunidade cristã, uma se destaca: a celebração semanal do dia do Senhor, o domingo. Os cristãos se reúnem para celebrar o mistério da morte–ressurreição de Jesus. É Páscoa semanal, dia de festa, festa "primordial" (SC, n. 106). Como fazer para que a celebração de domingo seja, de fato, vivida como uma festa da comunidade? Realcemos apenas alguns pontos quanto à atuação da presidência:

1) Prepare a celebração com a equipe e prepare-se pessoalmente mediante a leitura orante dos textos bíblico-litúrgicos, preparação da homilia, preparação do "coração-em-festa", no desejo do encontro com o Senhor na celebração de sua Páscoa.

2) Acolha o povo antes da celebração; geralmente as pessoas apreciam muito poder se encontrar com quem irá presidir. Isso cria relação, facilita o contato e a empatia necessária para celebrarmos juntos. Afinal, o *bom pastor* conhece as ovelhas pelo nome (cf. Jo 10).

---

[1] Para o sentido e a prática da celebração do Domingo, vejam: JOÃO PAULO II, *Dies Domini*; Doc. 43; Doc. 52; CDP; SILVA, José Ariovaldo da. *O Domingo, páscoa semanal dos cristãos*: elementos de espiritualidade dominical para as equipes de liturgia e o povo em geral. São Paulo, Paulus, 1998. (Col. Celebrar a fé e a vida, 5.); BUYST, Ione (org.). *Domingo, dia do Senhor*. São Paulo, Paulinas, 2003. (Col. Rede Celebra, 5.)

3) Minutos antes de iniciar a celebração, crie um momento de recolhimento com toda a equipe (na sacristia, por exemplo).

4) Cante com a comunidade, use incenso (na entrada, na proclamação do Evangelho, na ação de graças...); faça a aspersão com água, lembrando que fomos inseridos na Páscoa de Jesus pelo nosso batismo. Faça cada gesto com atenção prazerosa.

5) Mais que presidir a celebração, você preside um povo celebrante. Tome consciência de que faz parte desse povo; celebre *com* a assembléia e não *para* ela. Guarde ao longo de toda a celebração uma atitude inclusiva. Não chame a atenção sobre si mesmo(a), afinal, você é parte da comunidade. Use um tom de voz que inclua o povo mesmo porque, todas as orações litúrgicas estão na primeira pessoa do plural: nós! Deixe espaços na celebração para o povo se expressar: na recordação da vida, rito penitencial, partilha da Palavra, motivos de ação de graças, oração dos fiéis, momento de lembrar os falecidos...

6) Assuma a convicção de João Batista: é preciso que o Cristo cresça e que eu diminua (cf. Jo 3,30). Ou faça como Dom Helder Câmara: quando entrava num auditório e o povo o aplaudia, ele se considerava o burrinho que carregava o Messias na entrada em Jerusalém: os aplausos não eram para ele, mas para o Cristo.

7) Não se deixe dominar por tensões, angústias, problemas: entregue-os ao Senhor, para poder celebrar com serenidade.

8) Experimente o mistério de Deus na comunidade. Reconheça no rosto das pessoas a marca do Criador, os traços de Cristo, a presença do Espírito Santo. Acolha, como Jesus acolhia; tenha o mesmo olhar de atenção, de compaixão, de ternura. Entre em sintonia com a realidade da comunidade.

9) Como *ministro da unidade*, acolha e interligue as pessoas participantes, valorize e articule os vários ministérios (forme equipes, dê espaço a dons e carismas), una a assembléia "por Cristo, com Cristo e em Cristo, na unidade do Espírito Santo", com o Pai (comunhão na Santíssima Trindade). Ligue celebração e vida cotidiana, mistério celebrado e mistério vivido; faça a ponte entre a comunidade local e outras comunidades, Igreja local e universal (notificando ou comentando fatos importantes, documentos, pronunciamentos ou tomadas de posição).

10) Proclame e celebre a Páscoa acontecendo na vida da comunidade e no mundo; aponte o que deve ser transformado para correspondermos ao Evangelho; indique caminhos. Isso faz parte da *missão profética* da presidência.

11) Expresse alegria e júbilo pascal no tom de voz, principalmente na ação de graças. A alegria pascal, a leveza com a qual celebramos, é ótima prova de nossa fé na ressurreição!

12) Que seu estilo de presidir seja pessoal, natural, autêntico, sem ser artificial, excêntrico, rebuscado ou teatral. Cada pessoa tem a sua maneira de ser, andar, falar, orar. As mulheres têm características diferentes das dos homens, os jovens agem de forma diferente de quem é adulto ou idoso... Não é bom imitar outras pessoas (o padre ou outros ministros, por exem-

plo): seja você mesmo(a). Não fique preso(a) a um folheto ou outro subsídio; saiba comunicar-se em tom pessoal, com convicção. Se você tem dificuldade de se expressar (dicção, canto, atitudes e gestos do corpo...), procure ajuda.

13) Expresse-se de acordo com a cultura e a tradição da comunidade. Não faça inovações sem necessidade.

14) Leve em conta o tamanho da assembléia. Comunidades menores pedem um estilo mais doméstico, íntimo, informal; grandes assembléias requerem um estilo de comunicação diferente. Para as primeiras, podemos tomar como modelo a última ceia e as reuniões nas casas das primeiras comunidades descritas nos Atos dos Apóstolos; para as últimas, podemos nos basear nas liturgias descritas no Apocalipse. Nunca, porém, devemos confundir liturgia com *show*, com espetáculo; quem preside uma liturgia não deve tomar ares de um animador de programa de divertimento.

15) A liturgia é uma ação sagrada. A atitude de quem preside deve, a qualquer momento, em tudo o que diz e faz (olhar, gestos, atitudes do corpo, palavras, tom de voz...), deixar transparecer o mistério de Cristo e levar a comunidade à adoração a Deus, à escuta de sua Palavra, à comunhão de vida com ele.

16) Respeite e faça transparecer em sua atitude a espiritualidade de cada tempo litúrgico.

17) Como *um simples servidor, uma devotada servidora*, deixe-se guiar pelo Espírito de Jesus Cristo, em toda simplicidade e sobriedade. Cante e reze com devoção. Fale com calor humano, tomado pelo amor divino.

18) Comporte-se como *guia espiritual* na partilha da Palavra, na condução da oração. Como bom *mistagogo*,[2] leve a comunidade a uma experiência mística de relação gratuita com o Transcendente, de admiração, de alegria, de puro amor, de união com Deus. Ajude a ir além de uma relação mercantilista. Em nosso relacionamento com Deus, não podemos ficar só pedindo ou agradecendo graças alcançadas. Por isso, viva em profundidade aquilo que está celebrando e, em alguns poucos momentos da celebração, motive e oriente a comunidade na vivência interior da ação litúrgica.

19) Festa em sentido litúrgico não é necessariamente barulhenta, movimentada, exaltada. Não confunda alegria com excitação; não tire os pés do chão da realidade: a alegria da ressurreição brota do mistério da cruz.

20) Uma observação final: nada do que foi dito anteriormente deve ser entendido num sentido "jurisdicista" (pode/não pode, deve/não deve...). É preciso ter bom senso e procurar alcançar o objetivo: que a presidência seja sinal da presença de Jesus Cristo e da atuação do Espírito Santo e que o povo possa celebrar e tirar o máximo proveito espiritual da liturgia!

2. Presidir os ritos iniciais e finais

Para celebrar, é preciso reunir a comunidade que vive dispersa em meio à sociedade. Depois da celebração, as pessoas voltam a seu ambiente para continuar a missão que lhes foi

---

[2] Mistagogo é quem conduz para dentro do mistério.

confiada. A liturgia cuida com carinho desse ir e vir das pessoas; dedica-lhe um rito de chegada (ritos iniciais) e um rito de despedida (ritos finais).

1) *O rito de chegada* tem como objetivo expressar que somos o povo da irmandade e da solidariedade, povo da Aliança com o Deus da vida, dos pobres, dos pequenos, dos fracos. É um sinal forte em meio a uma sociedade que muitas vezes faz exatamente o contrário: valoriza os grandes (os países e grupos economicamente mais fortes, os ricos e poderosos, os craques do esporte, os astros da TV...), ignora, exclui e mata os pobres, gera isolamento, solidão e individualismo ("cada um por si"!). Deus nos convocou a viver em comunidade e a influenciar nas relações na sociedade, plantando nela as sementes do respeito mútuo, da solidariedade, da reconciliação, da paz... para ir vencendo a discriminação, a desigualdade, o desprezo ou o medo dos que são diferentes, o ódio, a opressão, as guerras... Cristo Ressuscitado está ativamente presente com seu Espírito na comunidade que se reúne para celebrar; ele prometeu: "Onde dois ou três estiverem reunidos em meu nome, eu estou aí no meio deles." (Mt 18,20). No amor dele nos tornamos um só povo: "Bendito seja Deus que nos reuniu no amor de Cristo".

A seqüência dos ritos de chegada costuma ser a seguinte: procissão e canto de entrada, saudação (apresentação de pessoas visitantes...), recordação da vida e introdução ao mistério celebrado, aspersão com água (ou ato penitencial), "Senhor, tende piedade...", "Glória..." (menos no Advento e na Quaresma), oração inicial.

Nesses ritos de chegada, o que cabe à presidência?

a) Antes de tudo, trata-se de encarnar, incorporar e criar na assembléia o *espírito* de abertura a Deus e aos irmãos, de unidade do povo de Deus e de alegria pascal. Sem esse espírito, os ritos lembrados a seguir caem no vazio, no formalismo; não são capazes de criar um povo celebrante.

b) Se houver procissão de entrada, todas as pessoas que assumem um ministério na celebração poderão entrar juntas; quem preside, encerra a procissão. Na frente da procissão vai a cruz, a qual pode ser acompanhada de velas acesas, incenso fumegante, a Bíblia ou o Lecionário e/ou Evangeliário; também cabe algum objeto simbólico, talvez relacionado com a festa ou as leituras do dia...

c) Em frente ao altar, todos fazem reverência.[3] Quem preside poderá também beijar o altar. Se houver incensação, cabe à presidência incensar o altar e a cruz. (Caso houver incensação dos ministros e do povo, e de todo o recinto da celebração, poderá ser realizada por outros ministros.)

d) Dois momentos, que são da responsabilidade da presidência, destacam-se nos ritos iniciais: *a saudação* ("Em nome do Pai..." — "A graça de nosso Senhor Jesus Cristo...") e *a oração* (também chamada "coleta").

---

[3] Se houver sacrário no presbitério com a presença do SS. Sacramento, cabe a genuflexão.

Na primeira, quem preside fala à comunidade reunida, invocando a graça, a paz, a comunhão do Senhor. Na segunda, a presidência dirige-se ao Senhor, em nome da comunidade, como que se colocando diante dele, respondendo a seu convite, a sua convocação: "Senhor, aqui estamos! Somos o teu povo, tu és o nosso Deus!". Caso se use, no lugar da saudação, os ritos iniciais do *Ofício Divino das Comunidades*, a abertura ("Estes lábios meus..." ou "Vem, ó Deus da vida...") cabe à presidência; não é função dos cantores.

e) A apresentação de pessoas visitantes e a recordação da vida (relembrando momentos de nossa própria vida pessoal, comunitária e social) poderão ser coordenadas por quem preside ou ainda pelo animador ou animadora. Só é preciso combinar.

f) É melhor que a introdução ao mistério celebrado (ligado com o tempo litúrgico) seja feita por quem preside.

g) Se houver aspersão com água, a oração fica por conta da presidência. No rito penitencial, a presidência assume a chamada absolvição ("Deus todo-poderoso tenha compaixão de nós...").

2) *No rito de despedida,* somos enviados de volta à missão. Somos chamados a animar os desanimados, salvar a vida ameaçada, mobilizar e organizar o povo disperso, dar visibilidade à população marginalizada, cuidar dos direitos humanos,

criar uma cultura de solidariedade, comunhão e participação; recuperar a identidade, a dignidade, a esperança de todos; denunciar os maus-tratos, as desigualdades, as injustiças, afirmar o apoio de Deus à luta dos pequenos; dar testemunho de uma vida honesta; apontar os sinais da presença dinâmica de Cristo Ressuscitado e do Reino de Deus acontecendo entre nós... Esses assuntos deverão estar presentes em toda a celebração, principalmente na recordação da vida, na homilia, nas preces. Por isso, não há necessidade de sobrecarregar os ritos de despedida com discursos ou longas motivações; bastam pequenas alusões, na bênção ou na despedida.

A seqüência dos ritos de despedida costuma ser a seguinte: avisos, bênção, despedida.

Nesses ritos, cabe à presidência a invocação da bênção de Deus: "Que Deus, Pai e Filho e Espírito Santo, nos abençoe....", traçando o sinal-da-cruz sobre si mesmo. (Na tradição da Igreja Católica, os ministros ordenados — bispo, padre ou diácono — dão a bênção, dizendo: "Abençoe-vos Deus todo-poderoso, Pai e Filho e Espírito Santo...", traçando o sinal-da-cruz sobre o povo.) Um outro gesto significativo é estender as mãos sobre o povo, como pedindo que Deus derrame suas bênçãos. As palavras da bênção poderão incluir uma alusão ao mistério celebrado, às leituras bíblicas ouvidas e comentadas, à realidade evocada na homilia. Que a bênção seja invocada com a consciência de que o Senhor, num último gesto carinhoso, estende as mãos poderosas sobre o seu povo, enchendo-o de graça para que continue sua missão no mundo, enraizado na comunhão da Santíssima Trindade.

3. Presidir a liturgia da Palavra

A liturgia da Palavra é memória de Jesus, diálogo da Aliança entre Deus e o seu povo em clima orante, instrução do povo de Deus, confrontando textos bíblicos e vida pessoal e social, exortação e animação para uma vida de acordo com o Evangelho de Jesus e também intercessão para apressar a vinda do Reino de Deus em nossa realidade.[4]

---

[4] Leiam mais sobre o assunto nos três primeiros números da coleção Rede Celebra, São Paulo, Paulinas: *A Palavra de Deus na liturgia; O ministério de leitores e salmistas; Homilia, partilha da Palavra.*

A seqüência da liturgia da Palavra costuma ser a seguinte: leitura do Primeiro Testamento ou dos Atos dos Apóstolos, salmo responsorial, leitura das Cartas ou do Apocalipse, aclamação antes do Evangelho, proclamação do Evangelho, homilia, profissão de fé, oração dos fiéis.

Na liturgia da Palavra, o que cabe à presidência?

1) Antes de tudo, quem preside é *ouvinte da Palavra*, com todo o povo reunido. Mesmo tendo preparado a homilia com antecedência, prestará atenção às leituras; o pano de fundo será a recordação da vida feita nos ritos iniciais e os rostos das pessoas reunidas: talvez as leituras revelem algum aspecto novo que mereça ser destacado como Palavra de Deus a seu povo. Com toda a comunidade, responde ao Senhor com o refrão do salmo, com a profissão de fé, e acompanhando de maneira fervorosa as preces dos fiéis.

2) Cabe à presidência, sobretudo, a responsabilidade pela *homilia*, partilha da Palavra. É o momento da interpretação das leituras bíblicas ouvidas (incluindo o salmo), relacionando-as com a vida e com a liturgia que estamos celebrando. Ou seja, trata-se de fazer uma "leitura espiritual" das escrituras e da vida. Para muitos, a celebração dominical é a única escola, o único fórum para tomar conhecimento dos valores cristãos, formar uma opinião sobre os acontecimentos da vida pessoal, comunitária e social. Necessitamos de um espaço onde possamos avaliar a opinião pública e confrontar as idéias divulgadas por jornais, rádio e televisão. E a melhor maneira de fazer isso é aproveitar os fatos do momento, comentados por todos, e

abordá-los na homilia à luz das sagradas escrituras. O que pensar, como cristãos, da atual organização da economia mundial? Da política econômica, social, cultural, ecológica... do governo federal, estadual, municipal? Das guerras "preventivas"? Do combate ao tráfico de drogas, à prostituição infantil? Do julgamento de determinado cidadão? De determinada lei que está tramitando no congresso? Dos valores (ou contravalores) difundidos nos meios de comunicação social?

E não se trata apenas de expor esses assuntos intelectualmente para se ter uma opinião formada a partir dos princípios cristãos: é preciso exortar, aconselhar, estimular a comunidade a colocá-los em prática, deixar que orientem sua maneira de agir no dia-a-dia, que corrijam certas atitudes contrárias ao evangelho que professamos. Se não for nas homilias de cada domingo, onde é que os cristãos terão oportunidade de ouvir tudo isso? Quem faz a homilia ou partilha da Palavra não pode se esquivar dessa tarefa formativa da comunidade ante a atualidade. Quem tiver oportunidade, leia algumas homilias dos Pais da Igreja, de santo Agostinho, por exemplo, o qual sabia que tinha, diante de Deus, a obrigação de formar os membros de sua Igreja, de adverti-los, de orientar sua conduta, de ajudar a formar sua opinião.

Também os vários tempos do ano litúrgico, assim como a seqüência das leituras do lecionário dominical, são assuntos que não devem faltar. O homiliasta é um pedagogo na fé: cria em nós a atitude espiritual própria de cada tempo e festa litúrgica, para que possamos assimilar em nossa vida, em nossas atitudes, os vários mistérios de Cristo; ajuda-nos a crescer espiritualmente para "que todos juntos nos encontremos unidos na mesma fé e no conhecimento do Filho de Deus, para chegarmos a ser o homem perfeito que, na maturidade do seu desenvolvimento, é a plenitude de Cristo" (Ef 4,13).

A homilia poderá ser feita de forma comunitária, como uma conversa, um diálogo, pois o Espírito Santo está presente e fala à comunidade como um todo. Mas quem preside não pode deixar a conversa correr solta: deve iniciar, conduzir a conversa, dar e retomar a palavra, assegurar "o fio da meada", garantir que o Senhor possa dizer sua Palavra à comunidade reunida, ligar a liturgia da Palavra com a vida e com a liturgia eucarística. É oportuno deixar um longo silêncio no final da homilia para que a Palavra ouvida possa ecoar no fundo de nosso coração e dar frutos.

3) Cabe à presidência também *o convite à profissão de fé e à oração dos fiéis* (oração universal), assim como *a oração no final desta última*. Que não as reduza a uma leitura formal de textos impressos em folheto ou outro subsídio, mas que saiba encontrar o tom e as palavras certas para suscitar a participação da comunidade nas preces do Cristo que a toda hora intercede ao Pai por nós e pelo mundo inteiro (cf. Hb 7,25; 9,24).

4. Presidir a ação de graças[5]

Na missa dominical, o momento da ação de graças ao Pai "por Cristo, com Cristo e em Cristo, na unidade do Espíri-

---

[5] Vejam o texto mais extenso em: *RL* 150, nov./dez. 1998, pp. 28-33.

to Santo", é a oração eucarística.[6] Numa celebração dominical presidida por diácono ou por ministra ou ministro leigo, embora não podendo celebrar a eucaristia plena, não deve faltar a ação de graças.[7] Por quê? Como fazer? Em que momento? É disso que trata o texto seguinte.

1) Gratidão: uma atitude humana e cristã

A vida tem suas dificuldades, seus sofrimentos, seus entraves... mas também suas alegrias, sua beleza, seu encanto. A saúde física, psíquica e espiritual se beneficia de nossa capacidade de admiração, de gratidão. Há tantas coisas boas e bonitas que nos são oferecidas a cada dia, a cada instante. Na natureza, o sol nascente, uma flor se abrindo, uma chuva refrescante, o canto de um pássaro, uma estrela se destacando na escuridão da noite... Na convivência, um sorriso, um bom-dia, um gesto de solidariedade, a mão ou um coração compreensivo partilhando nossa dor... Uma carta, uma boa notícia, uma visita, uma pequena melhora quando se está doente... Um trabalho realizado... A mão se levanta para o céu e o coração agradecido proclama, canta ou murmura: "Graças a Deus!".

Para nós que somos cristãos, todos esses motivos para agradecer a Deus são como que ampliados, reforçados, iluminados, enraizados, no mistério de Jesus, nosso irmão e Senhor, o Deus-conosco. Deus se fez gente com a gente, sofredor com os

---

[6] Leiam mais em: Documentos da CNBB 43, nn. 298-306; Buyst, Ione. *A Missa, memória de Jesus no coração da vida*. São Paulo, Paulinas, 2004.

[7] Cf. Documentos da CNBB 52, nn. 31, 54, 83-85, 98, entre outros.

sofredores; está dinamicamente presente em nossas lutas por melhores condições de vida para todos, por pão e paz, por ternura e cidadania. Nenhuma realidade o deixa indiferente. Está atento a tudo, presente em tudo, como um fogo que abrasa, como um foco de luz, como o branco nas entrelinhas deste texto... Seu Espírito, divina energia que movimenta tudo, convida todos a entrar na dança do amor, em direção à paz, ao *shalom*... Quem entende isso não pode deixar de agradecer; não pode estancar a voz do Sopro divino que jorra das profundezas.

2) Exemplos tirados da Bíblia

Os evangelhos e outras páginas do Novo Testamento nos oferecem inúmeros textos, nos quais vimos brotar essa fonte de ação de graças e da qual também podemos nos servir:

- Nessa hora, Jesus se alegrou no Espírito Santo e disse: "Eu te louvo, Pai, Senhor do céu e da terra, porque escondeste essas coisas aos sábios e inteligentes, e as revelaste aos pequeninos. Sim, Pai, porque assim foi do teu agrado. Meu Pai entregou tudo a mim. Ninguém conhece quem é o Filho, a não ser o Pai, e ninguém conhece quem é o Pai, a não ser o Filho e aquele a quem o Filho quiser revelar" (Lc 10,21-22; cf. Mt 11, 25-27).

- Maria, então, disse: "Minha alma proclama a grandeza do Senhor, meu espírito se alegra em Deus, meu salvador!" (Lc 1,46-55).

- O pai Zacarias, cheio do Espírito Santo, profetizou dizendo: "Bendito seja o Senhor, Deus de Israel, porque visitou e redimiu o seu povo. Fez aparecer uma força de salvação na casa de Davi, seu servo [...] Graças ao misericordioso coração do nosso Deus, o sol que nasce do alto nos visitará, para iluminar os que vivem nas trevas e na sombra da morte; para guiar nossos passos no caminho da paz" (Lc 1,67-69.78-79).

- "Bendito seja o Deus e Pai de nosso Senhor Jesus Cristo: Ele nos abençoou com toda bênção espiritual, no céu, em Cristo. Ele nos escolheu em Cristo antes de criar o mundo [...]. Ele nos predestinou para sermos seus filhos adotivos por meio de Jesus Cristo [...]. Ele nos fez conhecer o mistério da sua vontade, a livre decisão que havia tomado outrora de levar a história à sua plenitude, reunindo o universo inteiro, tanto as coisas celestes como as terrestres, sob uma só Cabeça, Cristo [...]. Em Cristo, ainda, vocês creram e foram marcados com o selo do Espírito prometido, o Espírito Santo" (Ef 1,3-14).

- "Vozes bem fortes começaram a gritar no céu: 'A realeza do mundo passou agora para Nosso Senhor e para o seu Cristo. E Cristo vai reinar para sempre'. Os vinte e quatro Anciãos que estão sentados em seus tronos diante de Deus ajoelharam-se e adoraram a Deus. Eles diziam: 'Nós te damos graças, Senhor Deus Todo-poderoso, Aquele-que-é e Aquele-que-era. Porque assumiste o teu grande poder e passaste a reinar'" (Ap 11,15-17).

3) A gratidão da comunidade no domingo, dia do Senhor

Se a cada momento de nossa vida temos motivo para dar graças, o domingo é para nós um dia especial. É dia da reunião da comunidade para fazer memória do Senhor Jesus; dia da ressurreição, da vitória sobre a morte. Não pode faltar a ação de graças ao Pai pelo motivo específico que reúne a comunidade: Deus ressuscitou Jesus dos mortos, como primeiro dos que morreram, como diz são Paulo; ele derrama o Espírito divino e o universo inteiro é recriado nele. Como fazer este agradecimento na prática?

a) Ação da presidência

A ação de graças é um dos momentos mais expressivos do ministério da presidência: em nome da comunidade, unida a Cristo, no Espírito Santo, agradece a Deus Pai pela salvação realizada por Cristo. É momento profético. Que o tom de voz seja de exultação, de alegria pascal. Quem puder, cante!

Normalmente, quem preside coloca-se em frente à comunidade, atrás da mesa. Poderá fazer ou sugerir gestos ou símbolos que acompanhem a ação de graças: braços abertos, voltados para o céu; queima de incenso ou de outras ervas cheirosas...

b) Em que momento?

A ação de graças deverá vir normalmente depois da liturgia da Palavra, ou seja, depois da oração da comunidade (também chamada de oração dos fiéis, ou preces...). A lógica é esta: a comunidade convocada se reúne (ritos iniciais), ouve, medita, interpreta as sagradas escrituras e pede a Deus para que venha o seu reino e se realize a salvação entre nós (liturgia da Palavra); depois faz subir a Deus o louvor e a ação de graças. Na liturgia da Palavra recordamos a história da salvação, que culmina na Páscoa de Jesus. Na homilia, principalmente, discernimos a presença dessa mesma força libertadora pascal em nossa história atual, seja em nossas histórias pessoais, seja na caminhada histórica de todo o povo de Deus. E é tudo isso que motiva a ação de graças.

c) Participação da assembléia

Presidir não significa fazer tudo sozinho, mas motivar, conduzir, garantir a palavra de todos, iniciar e terminar. É preciso assegurar a participação ativa da comunidade, nem que seja com uma aclamação, de preferência cantada, que se repete ao longo da ação de graças. É preciso garantir sobretudo a participação consciente e interior, a participação espiritual de todos. A motivação inicial do ministro ou da ministra é para isso; que seja clara, autêntica, carinhosa, comunicativa, convidativa, dirigindo-se ao coração das pessoas presentes... Mesmo que uma ou mais pessoas falem em nome de todos, quem dá graças a Deus é toda a comunidade reunida, unida a Jesus Cristo, deixando-se guiar pelo Espírito divino.

Exemplos para o convite da presidência

- Queridos irmãos e irmãs, elevemos nosso coração e nossa mente a Deus e demos graças ao Senhor, nosso Deus, do fundo do coração, em nome de toda a humanidade...

- Queridos irmãs e irmãos, profundamente atentos e atentas ao divino Espírito Santo que ora em nós, agradeçamos ao Senhor nosso Deus por todas as graças recebidas e percebidas nesta semana que passou e agradeçamos sobretudo por Jesus Cristo, nosso irmão e Senhor, que nos arrasta no mistério de sua Páscoa, na sua vitória da vida sobre a morte...

Exemplos para as aclamações (de preferência cantadas)
da comunidade

- Nós te damos graças, nosso Deus!
- (No tempo pascal:) Bendito sejas, nosso Pai, aleluia, pois Jesus ressuscitou, aleluia!
- Bendito seja o nome do Senhor, agora e sempre e por toda a eternidade!
- Glória a ti, Senhor, graças e louvor!
- Obrigado, Senhor!

d) A quem se dirige a ação de graças?

É dirigida a Deus Pai (por Cristo, com Cristo e em Cristo, na unidade do Espírito Santo). Cuidado! Se dissermos "Quero dar graças a Deus... Vamos agradecer a Deus... Demos graças ao Senhor, nosso Deus...", estaremos falando à assembléia, e não a Deus. Estas expressões valem como introdução, como motivação; mas a ação de graças propriamente dita merece ser dirigida diretamente a Deus: "Senhor, Pai, Deus querido... bendito sejas! Obrigado! Nós te agradecemos, te louvamos, te damos graças, por isso e aquilo...".

e) Qual é o motivo principal da ação de graças?

O motivo principal da ação de graças aos domingos será sempre Jesus Cristo e o mistério de sua Páscoa e nossa inserção nele. Por isso, muitas comunidades já estão atentas: relacionam também essa parte da celebração com os tempos e festas do ano litúrgico, e até mesmo com as leituras bíblicas proclamadas naquele dia. Portanto, no Advento estaremos dando graças pela promessa da vinda do Reino; em Pentecostes, pelo derramamento do Espírito; em cada domingo do Tempo Comum, pelo Evangelho proclamado acontecendo entre nós: os pobres se libertando, os cegos enxergando, pessoas partilhando o que têm, Deus nos perdoando...

Um exemplo de ação de graças acompanhando o ano litúrgico[8]

(Reparem que a ação de graças é dirigida ao Pai, fazendo referência, em três invocações, à obra de cada uma das pessoas da Santíssima Trindade, acompanhando ainda as leituras do domingo):

Bendito sejas, Deus nosso Pai, fonte jorrando vida. Ofereces aos humanos a salvação e nos introduzes no mistério de teu amor.

Bendito sejas por teu Filho Jesus. Ele trouxe a Boa-Nova aos pobres, a liberdade aos presos, a luz aos cegos. Nele, os corações vacilantes recobram coragem. Ele atravessa nossas dúvidas, nossas questões, nossos sofrimentos, para nos curar e salvar. Ele faz florir nossos desertos.

Bendito sejas por teu Espírito que suscita vida e esperança onde reina a morte. Por isso, permita que nesse mesmo Espírito te cantemos nossa ação de graças.

---

[8] Traduzido da revista francesa *Célébrer*, Paris, n. 254, out./nov. 1995.

É neste mesmo Espírito que, de um só coração e a uma só voz, nós te dizemos: Pai Nosso...

f) Outros motivos para a ação de graças

Para um coração atento, outras realidades são percebidas como graça de Deus, como salvação acontecendo em nosso meio. Por isso, a este motivo principal, podem se juntar todos os outros motivos de ação de graças, relacionados com aquilo que vivemos na semana que passou, em nossa vida pessoal, comunitária e social. Na medida do possível, vamos deixar espaço para que a comunidade possa expressar livremente seu agradecimento. Isto pode ser feito de duas maneiras:

- Logo após o convite da presidência: "Que motivos os irmãos e irmãs têm para dar graças ao Senhor hoje?". Espontaneamente as pessoas vão lembrando acontecimentos da semana que passou,.. No final, a presidência se dirige a Deus, dando graças.

- Quando a ação de graças for feita em forma de ladainha de louvor, as pessoas já fazem seu agradecimento diretamente a Deus, acompanhado da resposta da comunidade toda. Por exemplo: "Pai, muito obrigada pela recuperação da saúde de meu filho e de todas as pessoas doentes que tiveram uma melhora nesta semana..." (Todos:) "Obrigado, Senhor!".

g) Liberdade e criatividade

Há muitas outras maneiras de se fazer a ação de graças. Lembremos algumas: 1) Cântico evangélico (de manhã, cântico de Zacarias; de tarde, cântico de Maria...), com antífona, refrão ou motivação relacionada com o tempo litúrgico ou com as leituras do dia. 2) Outro cântico do Novo Testamento, p. ex., Efésios 1 (*ODC*, p. 254), Colossenses 1 (*ODC*, p. 257), Apocalipse (*ODC*, pp. 261 a 264). 3) "Nós te damos muitas graças..." (inspirado na Didaqué – *ODC*, p. 269). 4) Salmos e hinos de louvor... de preferência com uma pequena motivação ou uma antífona ou refrão que os ligue com a pessoa de Jesus Cristo e o mistério de sua Páscoa (p. ex., salmos 8; 34; 47; 48; 65; 66; 92; 93; 96; 98; 99; 100; 103; 104; 111; 113; 114; 116 A e B; 118; 126; 136; 145; 147 A e B; 148; 149; 150).[9] 5) Ladainha de louvor, relacionada com o tempo litúrgico ou com as leituras do dia, com possibilidade de se encaixar motivos de louvor relacionados com a realidade (vejam exemplo anterior, no item e). 6) Louvação, também conhecida como "prefácio popular", terminando com o canto do "Santo...".[10] 7) Outro tipo de bendito inspirado na piedade popular (p. ex., a bênção da mesa cantada nas "folias").

---

[9] Os salmos estão citados na contagem da Bíblia hebraica.

[10] Procurem no *Hinário Litúrgico* da CNBB (v. I, 3ª ed. ampliada, pp. 73-75; vol. II, pp. 97 a 104; vol. III, pp. 71-76). Leiam também *RL*, Louvação a Deus, n. 74, mar./abr. 1986; *RL* n. 148, jul./ago. 1998, texto nas pp. 11-12 e a partitura na p. 35; os vários volumes do DS. Há várias opiniões a respeito da frase inicial. No texto original das primeiras louvações encontramos: "Eu vou cantar um bendito...". Alguém fez a observação: seria melhor não usar a primeira pessoa no singular, porque a liturgia sempre fala em "nós"; e propôs que cantássemos: "É bom cantar um bendito...". Outras pessoas ainda preferiam que o bendito todo não usasse a forma indireta, mas dirigisse a palavra diretamente a Deus. Assim, por exemplo, "Ó Pai santo, tão querido, o teu povo vem te agradecer...". O assunto certamente merece ser aprofundado.

h) O que vem depois da ação de graças?

Há várias possibilidades:

- Após a ação de graças, a celebração poderá terminar com o pai-nosso, o abraço da paz, a bênção e a despedida.

- Poderemos acrescentar, após o pai-nosso, a distribuição da sagrada comunhão. É uma possibilidade que costuma agradar bastante a maioria das pessoas: elas querem comungar. No entanto, separar sistematicamente a comunhão dos outros elementos da ação eucarística, leva a reduções e deformações na maneira de se entender e viver a eucaristia. Não basta comungar; é preciso celebrar a eucaristia.[11]

- Principalmente onde não há acesso a pão consagrado, poderemos fazer, ainda, uma confraternização da comunidade com partilha de alimentos. Algumas comunidades o fazem depois da celebração; outras, retomando a prática das celebrações dos primeiros cristãos, organizam, como parte da celebração do domingo, uma refeição fraterna em memória de Jesus[12].

Como sugestão, duas possíveis vivências a fim de se preparar para a ação de graças:

---

[11] Para aprofundar esse assunto, vejam CDP, pp. 37ss.

[12] Cf. Documentos da CNBB 52, roteiro E, no anexo, p. 49.

1) Leiam e meditem Lc 10,21: Com quem Jesus está falando? Guiado por quem? O que está sentindo? Como vocês imaginam seu tom de voz? O que disse ao Pai? Qual foi o motivo de seu louvor? – Agora, concentrem-se; assumam os sentimentos e as atitudes de Jesus e proclamem o texto, como se fossem seus, louvando o Pai. Repitam várias vezes, em atitude de profunda oração, até encontrar o tom adequado para suas relações com o Pai.

2) Leiam e meditem o cântico de Maria em Lc 1,46-55 (Poderá ser usado o texto da Bíblia ou do *ODC*, pp. 236-239). Maria, grávida do Filho de Deus Altíssimo, canta exultante, engrandecendo o Senhor. Vejam no texto qual é o motivo de seu louvor: é somente um motivo pessoal? Ou diz respeito também a seu povo, aos pobres? Não seria o canto de Maria uma profecia, vislumbrando as coisas que Deus já realizou e que realizará ainda até que todas as promessas sejam cumpridas: o fim da opressão, da fome, do orgulho dos poderosos? – Agora, concentrem-se; assumam os sentimentos e a atitude de Maria e proclamem o texto, como se fossem seus, louvando e agradecendo o Pai. Repitam alguns versos várias vezes, em atitude de profunda oração, até encontrar o tom adequado para suas relações com o Pai.

5. Presidir a distribuição da comunhão eucarística[13]

A distribuição da comunhão se faz com hóstias consagradas em uma missa anterior, celebrada na própria comunidade ou em outra igreja.

---

[13] Para maiores detalhes, vejam: CONGREGAÇÃO PARA O CULTO DIVINO: *Culto eucarístico fora da missa;* CDP, pp. 37-43.

A seqüência dos ritos da comunhão costuma ser a seguinte:

1) Antes de se iniciar a ação de graças, o recipiente com as hóstias consagradas é trazido (do sacrário, da sacristia, ou de outro lugar adequado) e colocado sobre a mesa. É conveniente que se faça um breve gesto de adoração em silêncio (ajoelhar ou inclinar-se profundamente), porém, sem orações ou cantos de adoração ao Santíssimo.

2) Seguem a ação de graças ou louvação, o pai-nosso e o abraço da paz.

3) Como de costume, o pão consagrado é apresentado à comunidade: "Felizes os convidados para a ceia do Senhor! Eis o Cordeiro de Deus, que tira o pecado do mundo..". Em seguida, as hóstias consagradas são dadas em comunhão por um ou mais ministros. As hóstias que sobrarem são guardadas no sacrário (onde houver) ou consumidas pela comunidade.

4) Segue um momento de silêncio para oração pessoal, às vezes um salmo de louvor, e por fim a oração depois da comunhão.

O que cabe à presidência fazer?

a) Numa assembléia pouco numerosa, é possível que a presidência assuma sozinha a distribuição da comunhão. Em assembléias maiores, esse rito é deixado à responsabilidade de um ou vários ministros ou ministras. Mesmo neste último caso, quem preside fica responsável pelo bom andamento da distribuição. Não deve se distrair, mas ficar atento(a). Não se trata de uma fiscalização, mas de um olhar carinhoso de quem cuida do conjunto, como um bom pai ou mãe de família.

b) É tarefa também de quem preside fazer a oração depois da comunhão.

6. Presidir a refeição fraterna em memória de Jesus

Que sentido tem uma partilha de alimentos na celebração dominical da Palavra? Como fazê-la? Qual a relação com a ação de graças?

1) Comer e beber juntos, gesto humano, brasileiro e evangélico

Nada mais humano e universal do que comer e beber juntos, estreitando laços de parentesco, de amizade, ou até para firmar um compromisso político (o que se vê muito em época de eleição!). Em todas as regiões do Brasil, encontramos comidas e bebidas típicas e sobretudo festas populares em que nunca falta algo para comer e beber juntos.

Nada mais significativo para fazer memória de Jesus, do que comer e beber juntos, estreitando os laços da comunidade dos discípulos e discípulas de Jesus. Em quase toda página do Evangelho, antes ou depois da ressurreição, deparamo-nos com

Jesus comendo e bebendo: na intimidade dos discípulos, na casa de amigos, na casa de gente não tão amiga, no meio da multidão, na praia... Tanto em momentos cotidianos como em situações especiais: momentos alegres, como nas bodas de Caná, ou momentos críticos, como na despedida da última ceia que celebrou, anunciando sua entrega suprema ao Pai. Os apóstolos afirmam, como prova da ressurreição de Jesus: "Comemos e bebemos com ele depois de sua ressurreição dentre os mortos (cf. Atos 10,41). Não surpreende, portanto, que a comunidade primitiva continuou essa prática de comer e beber juntos: "Diariamente, todos juntos freqüentavam o Templo e nas casas partiam o pão, tomando alimento com alegria e simplicidade de coração" (At 2,46).

2) Comer e beber juntos, dando graças: um ato litúrgico

Cada refeição entre cristãos (e não somente a missa) lembra a última ceia e as refeições do Ressuscitado com seus discípulos. Não é à toa que na maioria de nossas casas há um quadro da ceia de Jesus pendurado na parede. A palavra do Evangelho: "Onde dois ou três estiverem reunidos em meu nome, eu estou aí no meio deles" (Mt 18,20), certamente vale também para as nossas refeições familiares ou comunitárias.

É por isso que o ritual de bênçãos prevê "bênçãos da mesa" para a hora da refeição. A bênção da mesa não é uma simples oração para pedir que Deus abençoe os alimentos, como muitas vezes costumamos fazer. A bênção da mesa é um ato litúrgico, um dos momentos da liturgia doméstica, incentivada por longa tradição da Igreja. Juntos tomamos o alimento, dando graças a

Deus pela vida nova que nos dá em Jesus. Na refeição familiar e comunitária, Cristo Ressuscitado está presente, manifestando-se a nós, alimentando nossa união, realizando a salvação, fazendo de nossa mesa um sinal sacramental da mesa de seu reino.

Vejamos, a título de exemplo, nesta linda bênção do ritual (n. 806), a dimensão pascal ("alegria", "ressuscitado dos mortos"), a dimensão eucarística ("louvor", manifestação de Jesus ao repartir os alimentos; "agradecidos tomamos este alimentos"), a dimensão escatológica ("comensais em vosso Reino") e a dimensão ética-mística ("como vos recebemos, hóspede, nos irmãos"):

> Nós vos louvamos com alegria, Senhor Jesus Cristo,
> que, ressuscitado dos mortos,
> vos manifestastes aos discípulos ao partir o pão;
> permanecei em meio a nós, Senhor,
> enquanto, agradecidos, tomamos este alimento;
> e recebei-nos, comensais, em vosso Reino,
> assim como vos recebemos, hóspede, nos irmãos.
> Vós que viveis e reinais para sempre. Amém.

Comer e beber juntos na celebração dominical da Palavra, dando graças ao Pai, não seria, então, uma maneira significativa de fazer memória de Jesus e estreitar entre nós os laços da nova Aliança no Espírito que nos foi dado?

3) A refeição fraterna de são Francisco

Um outro argumento a favor desse tipo de bênção da mesa na celebração dominical da Palavra poderia vir das antigas refeições cultuais, para estreitar os laços de amor fraterno no Espírito de Jesus Cristo. Neste sentido, vale a pena relembrarmos a ceia que são Francisco (que não era presbítero) celebrou na hora de sua morte com os seus irmãos e tirarmos as conclusões para a prática da refeição fraterna em memória de Jesus em nossas celebrações dominicais: "O pai santo (Francisco) mandou trazer um pão. Abençoou-o, partiu-o e deu um pedacinho para cada um comer. Também mandou trazer um livro dos evangelhos e pediu que lessem o evangelho de são João a partir do trecho que começa: 'Antes do dia da festa da Páscoa' etc.".[14]

4) A ação de graças como bênção da mesa

Se fizermos a refeição fraterna na celebração dominical da Palavra, então, a ação de graças é realizada "sobre os alimentos", ou seja, com os alimentos em cima da mesa (ou apontados ou levantados pela pessoa que ministra a bênção). Ação de graças e bênção não são dois momentos distintos, mas um só. Dizer a bênção do pão ou da mesa não significa benzer o pão. Significa bendizer, isto é, dizer bem: elogiar a Deus, louvá-lo e agradecer pelo bem que nos fez e continua fazendo. Bendito seja!

5) Confusão com a missa?

Em alguns lugares, está se proibindo as comunidades de fazer esse tipo de partilha fraterna. Mas, afinal, pode-se proibir os

---

[14] Cf. SILVA, José Ariovaldo da. Como Francisco de Assis celebra sua própria morte. *RL* n. 148, p. 34, jul./ago. 1998.

cristãos de comer e beber juntos aos domingos? Pode-se proibir de dizer uma bênção da mesa nessa refeição? O motivo alegado para tal proibição é de que poderia "criar confusão com a missa". Não seria melhor medir antes de tudo os resultados positivos que vêm dessa prática, em vez de coibir iniciativas semelhantes?

A missa é a eucaristia plena, onde nos é dado em alimento o pão e o vinho consagrados como sacramento do Corpo e Sangue do Senhor. No entanto, a missa não exclui outras formas de celebração litúrgica em que se repartem comida e bebida. Onde não for possível celebrar a missa (às vezes por semanas ou meses seguidos), uma partilha de alimentos em memória de Jesus mantém viva a referência ao gesto de Jesus na ceia e poderá nos ajudar a redescobrir que a missa é uma refeição, com partilha fraterna de pão e vinho, e a oração eucarística uma bênção da mesa, como Jesus nos mandou fazer em sua memória, celebrando o mistério de sua morte–ressurreição.

O que cabe à presidência nessa partilha fraterna? Certamente a ação de graças (bênção, louvação) sobre os alimentos. E, depois, o convite ao pai-nosso e a responsabilidade pela distribuição dos alimentos, na qual provavelmente envolverá outras pessoas. Depois da distribuição, cabe à presidência fazer a oração final da celebração, antes de se realizar os ritos finais.

7. Os coordenadores da comunidade na missa presidida pelo padre ou pelo bispo

Todas as comunidades, mesmo as mais afastadas, podem contar com uma missa, pelo menos uma vez por mês ou...

uma vez por ano! Nessas ocasiões, o que deve acontecer com os ministros leigos que costumam presidir a celebração dominical da Palavra? Devem desaparecer no meio do povo? Ou será melhor que assumam alguma função, deixando claro que seu ministério costumeiro é reconhecido? Levando em conta a importância desse ministério, parece pastoralmente mais justo não anular, mas reforçar o papel deles na comunidade. Por acaso, a visita de um bispo na paróquia anula o papel do presbítero? Ao contrário, ele é respeitado em sua condição de pastor. Assim deverá acontecer também com o ministério não-ordenado, quando o padre (ou bispo) visita a comunidade ou vem para celebrar. Convém que entre junto na procissão de entrada, tome assento em frente à assembléia, ao lado do padre ou do bispo, que seja convidado a realizar alguma função, como, por exemplo, presidir a aspersão com água ou o rito penitencial, proclamar o Evangelho, coordenar a oração dos fiéis, ajudar na fração do pão e na distribuição da comunhão...

Desta forma se manifestará mais claramente a ligação do ministério leigo com o ministério ordenado, e a ligação da celebração dominical da Palavra com a celebração eucarística.

Bibliografia recomendada

BUYST, Ione. *Celebração do domingo ao redor da Palavra de Deus.* 2. ed. São Paulo, Paulinas, 2006. (Col. Celebrar.)

CARPANEDO, Penha & GUIMARÃES, Marcelo. *Dia do Senhor:* guia para as celebrações das comunidades. São Paulo, Apostolado Litúrgico/Paulinas. (Vários volumes.)

CNBB. *Orientações para a celebração da Palavra de Deus.* São Paulo, Paulinas, 1994. (Documentos, 52.)

_____. Coleção *Ser Igreja no Novo Milênio* (Roteiros para as celebrações).

REVISTA DE LITURGIA. *A presidência nas celebrações dominicais.* São Paulo, n. 150, nov./dez. 1998.

_____. *A presidência na eucaristia.* São Paulo, n. 152, mar./abr. 1999.

Anexo

O testemunho de Justino, um leigo martirizado no ano 165

Em sua primeira "Apologia", nos capítulos 65 e 67, Justino descreve a celebração eucarística. Vejamos dois trechos, em tradução livre, em que aparece o ministério da presidência:[1]

(*Eucaristia após o batismo*:)

E depois de termos lavado desta forma aquele que confessou a fé e deu sua adesão, nós o conduzimos até a reunião daqueles que são chamados de "os irmãos", para rezar fervorosamente [...]. Depois de terminar a oração, cumprimentamos uns aos outros com um beijo. Em seguida são levados ao que preside pão e um cálice com água e vinho. Depois que os recebeu, bendiz e louva ao Pai de todos pelo Nome de seu Filho e do Espírito Santo e diz uma longa eucaristia (ação de graças) por aquilo que dele recebemos. Quando terminaram as orações e a eucaristia (ação de graças), todo o povo presente diz: "Amém". [...] E depois que aquele que preside terminou a ação de graças e todo o povo consentiu, aqueles que entre nós são chamados "diáconos" (servidores) dão a cada uma das pessoas presentes o pão eucarístico, o vinho e a água e levam aos ausentes [...] (I. Apol. 65).

---

[1] Vejam o texto inteiro, Textos catequético-litúrgicos de São Justino, como apêndice em: *Tradição Apostólica de Hipólito de Roma*. Petrópolis, Vozes, 1971. pp. 69-87.

(*Eucaristia aos domingos*):

E no dia que é chamado dia do sol, temos uma reunião de todos os que moram nas cidades e no campo. Lêem-se as memórias dos apóstolos e os escritos dos profetas, tanto quanto o tempo o permitir. Quando o leitor tiver terminado a leitura, quem preside fala uma palavra de advertência e de animação para pormos em prática tudo de bom que ouvimos. (*Depois seguem as preces e a liturgia eucarística, como descritas anteriormente...*) Aqueles que possuem bens e assim o desejem, dão o quanto queiram, de livre e espontânea vontade. O que é assim recolhido, é depositado aos pés de quem preside e, com isso, ele ajuda as viúvas e os órfãos e aqueles que são necessitados, por causa da doença ou outros motivos; também os presidiários e os migrantes que vêm de longe; numa palavra, ele cuida de qualquer um que esteja necessitando. (I. Apol. 67).

Impresso na gráfica da
Pia Sociedade Filhas de São Paulo
Via Raposo Tavares, km 19,145
05577-300 - São Paulo, SP - Brasil - 2018